Bibliografische Information der Deutschen Nationalbibliothek:

Die Deutsche Bibliothek verzeichnet diese Publikation in der Deutschen National-
bibliografie; detaillierte bibliografische Daten sind im Internet über http://dnb.d-
nb.de/ abrufbar.

Impressum:

Copyright © 2010 GRIN Verlag, Open Publishing GmbH
Druck und Bindung: Books on Demand GmbH, Norderstedt Germany
ISBN: 9783668397682

Dieses Buch bei GRIN:

http://www.grin.com/de/e-book/353346/routing-in-3d-networks

Peter Hillmann

Routing in 3D Networks

GRIN Verlag

Technische Universität Dresden

Fakultät Elektrotechnik und Informationstechnik
Institut für Nachrichtentechnik
Lehrstuhl Telekommunikation

Oberseminar

zur Lehrveranstaltung Kommunikationsnetze

Routing in 3D Networks

Peter Hillmann

Studiengang Informationssystemtechnik 2005

Bearbeitungszeit: SS 2010
Tag der Einreichung: Dresden, 10. August 2010

Inhaltsverzeichnis

1 Einleitung

Sensor und Wireless Netzwerke haben in letzter Zeit viel Aufmerksamkeit erfahren, nicht nur auf Grund der unzähligen Anwendungen als auch der flexiblen Einsatzgebiete. Das Fundamentale in einem Netzwerk ist neben der Blockblidung, der Austausch von Informationen zwischen den einzelnen Netzwerkknoten. Das bedeutet, die Aktion des Sendens einer Nachricht vom Sendeknoten bis hin zum Zielknoten. Um dies erfolgreich zu ermöglichen sind so genannte Routing-Algorithmen notwendig, welche die Nachrichten durch das Netzwerk leiten. Es existieren zahlreiche Routing-Algorithmen, z.B. für das Internet mit dem IP[1]. Die unterschiedlichen Anforderungen der verschiedenen Netzwerke erfordern technologiespezifische Routingtechniken. In dieser Ausarbeitung werden Routing-Algorithmen für große ad hoc Netzwerke betrachtet. Im Speziellen untersucht die Arbeit Algorithmen für 3-dimensionale Netzwerke. Im Gegensatz zum IP, auf dem das Internet basiert, welches große Forwarding Tables nutzt, kann es nicht für ad hoc Verbindungen eingesetzt werden.

Ein Routing-Algorithmus für ad hoc Netzwerke muss nicht nur das Problem des instabilen Netzwerkes, sondern auch mit den begrenzten Ressourcen und den geringen alternativen Zweigen umgehen können. Das instabile Netzwerk ist auf der Mobilität der Knoten begründet und der Fluktuation des drahtlosen Kommunikations-Mediums, welches im Gegensatz zum Kabel sehr veränderlich ist. Die beschränkenden Hardwareanforderungen erschweren das Routing weiter. Die Knoten haben einen kleinen Speicher und dürfen nur wenig Strom verbrauchen. Die Geräte sind oft batteriebetrieben.

Geografische Routing Protokolle leiten die Pakete an den Nachbarn, der näher am Zielknoten ist, weiter. Diese Strategie wird solange fortgesetzt, bis die Nachricht beim Empfänger angelangt ist. Dafür muss jeder Knoten sich selbst und seine Nachbarn kennen. Ein Knoten kann durch weitere Hardwareunterstützung die Position lernen, wie z.B. bei GPS oder mit Lokalisierungsalgorithmen. Weiterhin muss die Position des Zielknotens in jedem Routingschritt bekannt sein. Die Anfrage

---

[1] Internet-Protokoll

über die Position eines Netzwerkknotens wird durch einen Lokalisierungs-Service gewährleistet.

Geografische Routing-Algorithmen werden so definiert, dass die Basis der Entscheidung nur auf Kenntnis der aktuellen eigenen Position, seiner Nachbarn und des Zielknotens beruht. Dabei wird vorausgesetzt, dass die Netzwerkknoten speicherlos sind, d.h. die Knoten speichern keine Zustände von Nachrichten. Dadurch ist der Routingzustand unsichtbar. Der zusätzliche Speicheroverhead wird reduziert, welcher zuvor die Anzahl der weitergeleiteten Pakete limitiert hat. Weiterhin existiert keine globale Sicht der Knoten auf das Netzwerk. Jede Entscheidung wird nur auf Grundlage der lokalen Informationen gefällt. Das erleichtert die Aktualisierung der Daten, z.B. wenn es eine Veränderung im Netzwerk gibt. Im Gegensatz dazu stehen die Routing-Algorithmen, bei denen eine globale Netzwerksicht existiert. Bei diesen Algorithmen ist es möglich, den optimalen Pfad zu finden, aber bei einer Änderung muss das ganze Netzwerk rekonfiguriert werden. Dies ist ideal für statische Netze, aber nicht für ad hoc Netzwerke, wo eine kontinuierliche Veränderung der Topology unvermeidbar ist.

2 Routing in 3D Netzwerken

Ein wesentliches Konzept beim Geografischen Routing ist „greedy forwarding".
Dabei leitet jeder Knoten die Nachricht zu dem Nachbarn weiter, der am nächsten
zum Ziel liegt. Diese Art ist sehr einfach, aber effizient für die meisten Netzwerke.
Jedoch gibt es Topologien, bei denen dieses Verfahren scheitert. Als Beispiel dient
eine Nachricht, die zu einem Knoten gelangt, bei dem alle Nachbarn weiter entfernt
zum Ziel liegen als der Knoten mit der Nachricht selbst. Dies tritt dann auf, wenn
in einer Region kein Netzwerk vorhanden ist. In 2-dimensionalen Netzwerken kann
dies mit „face routing" oder Varianten davon gelöst werden. Z.B. bei „greedy-
face-greedy" wird eine Nachricht solange greedy geroutet, bis es ein Problem gibt.
Danach wird mit face geroutet, bis wieder ein Knoten gefunden ist, der einen
kleineren Abstand zum Ziel besitzt als zu Beginn, wo das Problem auftrat. Dieser
Algorithmus wurde 1999 entwickelt und garantiert ein erfolgreiches Routing. Das
Verfahren ist jedoch nicht auf 3-dimensionale Netzwerke anwendbar, da „faces" eine
planarisierte Topology erfordert.

Diese Arbeit zeigt eine Möglichkeit, wie das Verhalten von 2D zu 3D adaptiert
werden kann. Als Grundlage gilt weiterhin das greedy-Routing. Um jedoch die
Fassetten im Dreidimensionalen zu beschreiben, sind andere Verfahren notwendig
als im zweidimensionalen Fall.

2.1 Routing-Algorithmen für 3D Netzwerke

In einer Untersuchung wurde bewiesen, dass es keinen deterministischen, lokalen und
gedächnislosen Routing-Algorithmus gibt, der die Zustellung der Pakete garantiert[1].
Damit gibt es auch keinen speicherlosen Algorithmus, der dies gewährleisten könnte.
Dennoch soll hier solch ein Verfahren konstruiert werden.

Als Motivation dient die künstliche Problemstellung in Abbildung 2.1. Dieses
Beispiel stellt z.B. die Erdkugel dar. Auf der Oberfläche sind in regelmäßigen
Abständen Knoten verteilt. Von einigen gibt es eine Verbindung in das Innere

---

[1] Quelle: [DKN]

der Kugel. Auf der Außenfläche existiert nur ein Meridian, der alle Breitenkreise verbindet. Es soll nun von einem Knoten auf der Oberfläche eine Nachricht zum inneren Knoten t geleitet werden. Der Knoten t ist aber nur mit dem Punkt w auf der Außenfläche verbunden. Somit muss die Nachricht zuerst diesen erlangen. Da nur lokale Informationen zur Verfügung stehen, kann dies nur durch Erkundung der absteigenden Linien auf der Oberfläche erreicht werden. Dieses Beispiel ist so speziell konstruiert, dass jeder greedy-Routingalgorithmus scheitern wird, da der ganze Weg bis zum Zielknoten bergauf verläuft. D.h. jeder Knoten auf dem Weg bis zum Knoten w ist weiter entfernt, als der Knoten von dem die Nachricht aus gesendet wird. Ebenfalls nicht geeignet ist ein Random-Routingalgorithmus, da es viel zu viele Möglichkeiten gibt, wobei aber nur ein Weg zum Zielknoten führt.

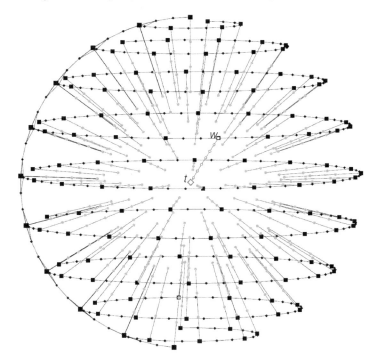

Abbildung 2.1: Lower Bound Graph aus [RFRW]

2.2 3D Routing-Algorithmus

Das hier vorgestellte Verfahren nutzt eine „greedy-random-greedy" Annäherung. Im Gegensatz zum deterministischen „face-routing" im 2D, gibt es keine deterministische Korrektur für 3D Netzwerke. Daher wird an dieser Stelle zufällig gewählt. Die Korrektur muss ebenfalls speicherlos und lokal erfolgen, so wie die Netzwerktopology konstruiert ist. Ein Fluten der Umgebung ist wegen dem entstehenden Overhead, der exponentiell ansteigt, keine Lösung. Die Alternative des Zufalls ist einfach, aber überraschenderweise effektiv. Um die Leistung weiter zu steigern, gibt es vier Optimierungsmöglichkeiten.

2.2.1 Regionbeschränkte zufällige Versuche

Normalerweise würde bei einem Random Walk solange gesucht werden, bis ein Knoten mit einer geringeren Entfernung zum Ziel gefunden wurde. Dabei kommt es oft vor, dass zu große Teile des Netzwerkes durchsucht werden. Um diese oft unnötig große Suche einzuschränken, begrenzt die Regionssuche die maximale Hop-Entferung auf einen bestimmten Wert. Damit wird nur ein kleiner Netzwerkteil untersucht, aber vollständig. Dieser Wert muss je nach Ergebnis der Teilsuche erhöht werden, um ein entsprechendes Ergebnis zu erreichen.

2.2.2 Random Walk auf der Oberfläche

Ähnlich zum „face-routing" in 2D Netzwerken, kann der Random Walk auf Knoten rund um das Minimum begrenzt werden, welches zu umgehen ist. Das genaue Verfahren unter Zuhilfenahme des Dual-Graphen wird in Abschnitt 3 ersichtlich.

2.2.3 Spärliche Subgraphen

Bei dieser Variante sind in dichten Regionen Knoten auszublenden, aber auch Knoten in Ecken, die nicht kritisch erscheinen. Dabei ist darauf zu achten, dass die Konnektivität erhalten bleibt. Die Realisierung erfolgt, indem Random Walks nur auf dominierende Knoten stattfindet[2]. Die Anzahl der Möglichkeiten wird dadurch verringert. Ein wahrer Subgraph kann jedoch nur in einer Baumstruktur generiert werden, welche hier nicht vorhanden ist. Im Dual-Graph jedoch kann dies gut umgesetzt werden, da sich die Suche des Random Walks auf gewisse Dual-Knoten beschränken lässt.

2.2.4 Kraft des Random Walk

Die Suchzeit kann eine erhebliche Verbesserung erfahren, wenn sich die Suche auf neue Knoten beschränkt. Das bedeutet, dass zu früheren Knoten nicht zurückgekehrt werden darf. Da der Algorithmus speicherlos ist, wird an die gesendete Nachricht eine

---

[2] Dieses Verfahren ist in [WAF] genauer beschrieben.

Information angehangen, bei welchem Knoten sie schon war. Damit diese Angabe nicht zu groß gerät, erfolgt dies auch nur begrenzt.

3 Dual Graph

3.1 Aufbau

Der existierende Graph G mit den Knoten V und den Verbindungen E wird auf einen so genannten dual Graph G´ = (V´ , E´) abgebildet. Das Routing erfolgt dann nur noch auf G´. Der Dual Graph stellt ein abstraktes Würfelgitter dar. An den Verbindungspunkten des imaginären Gitters liegen die Dual Vertices(DV). Ein DV ist als eine Art Kugel vorstellbar, wobei der Radius p einen Einzugsbereich für die Punkte im Gitter definiert. Die DV´s werden nur neben realen Knoten platziert, um ein Gitter ähnlich wie G zu erhalten. Somit werden die Knoten vom realen irregulären Netzwerk auf das virtuelle reguläre Netzwerk abgebildet, indem die Knoten mit Hilfe der DV´s auf die Verbindungspunkte des Gitters gezogen werden. Die Relation zwischen G und G´ ist jedoch nicht bijektiv. Verbindungen in G´ existiteren nur zwischen direkten Nachbarn. Wenn eine Verbindung in G´ zwischen 2 DV´s besteht, impliziert dies eine Verbindung in G zwischen den enthaltenen Knoten von den DV´s. Umgekehrt gilt das Gleiche.

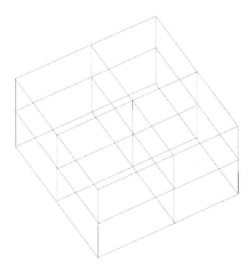

Abbildung 3.1: Würfelgitter

3.2 Ownership Selection

Ein DV enthält genau einen Knoten. Das bedeutet, dass ein DV nur einen Knoten auf das Würfelgitter abbildet. Jedoch kann ein Knoten auf mehrere Verbindungspunkte im Gitter abgebildet werden. Dies wird mit der Ownership Selection realisiert. Die Konstruktion von G´ erfolgt lokal. Die einzelnen Netzwerkknoten kennen damit nur einen begrenzten Teil von G´. Jeder Knoten muss deshalb den „Ownership Selection Algorithm" ausführen. Alle DV's, in den ein Knoten liegt, werden vorgemerkt. Da nur immer ein Knoten einen DV besitzen darf, kann es zu Konflikten kommen. Dies erfordert eine 1-hop Kommunikation zur Lösung des Problems. Der Knoten mit der kleineren ID gewinnt und wählt zuerst seinen DV. Der Radius sollte so groß gewählt werden, dass mindestens ein DV existiert. Wenn nun eine Verbindung zwischen zwei Knoten u und v besteht, dann muss diese auch im Dual Graph existieren. Dazu müssen alle DV´s, die für eine Verbindung zwischen diesen beiden Knoten notwendig sind, auch den Knoten gehören.

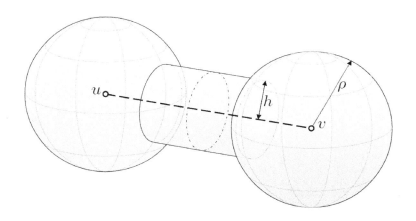

Abbildung 3.2: Dual Vertice aus [RFRW]

3.3 Verbindungen im Dual Graph

Nach der Ownership Selection sind nun alle existierenden Verbindungen eines Knotens heraus zu finden. Jeder DV kann maximal 6 Verbindungen haben. Dabei wird eine kleine lokale Sicht auf das Netzwerk erstellt. Um möglichst alle Verbindungen zu erstellen, kann z. B. eine 3-hop-Entfernung in Kauf genommen werden. Dazu ist ein lokaler „broadcast" notwendig. Auf dem Weg hängt jeder Knoten seine ID mit an die Nachricht. Der Speicheraufwand bei 3-hops ist gering.

Dadurch entstehen mehr Routing-Möglichkeiten im Dual Graph. Kleinere Löcher werden somit lokal behoben.

3.4 Routing auf dem Dual Graph

Wie schon erwähnt, wird nach dem Schema Greedy-Random-Greedy geroutet. Das bedeutet, solange es ein DV gibt, dass die Nachricht näher an das Ziel bringt, wird nach dem greedy Prinzip verfahren. Falls die Nachricht in ein lokales Minimum gerät, wo jeder Knoten weiter vom Ziel entfernt ist als er selbst, dann muss mit einem anderen Prinzip ein Weg gesucht werden. Bei einem lokalen Minimum ist mindestens eine der 6 Verbindungen nicht vorhanden. Diese Verfahren, die vom greedy Prinzip abweichen, werden Recovery Algorithmen genannt. In der Simulation in Kapitel 4 wurden drei unterschiedliche Möglichkeiten verglichen. Der Region limited Random Walk kann auf dem normalen Graphen, auf dem Dual Graph oder auf der Oberfläche (engl. Surface) erfolgen.

4 Simulation

Auf einer Fläche von 20x20x10 Einheiten mit 100 zufällig verteilten Löchern hat Roland Flury 2.000 bis 40.000 Knoten zufällig verteilt. In jeder Simulationsanordnung wurden 5000 Nachrichten versendet und die durchschnittliche Anzahl von notwendigen Nachrichten ermittelt. Als Referenzwert ist im Diagramm der Overhead eines speicherbehafteten Fluting-Algorithmus in rot eingetragen. Zum Vergleich der Algorithmen steht noch ein weiteres Verfahren DFS Tree[1] zur Verfügung. Bei diesem Prinzip wird vom den ganzen Netzwerk eine Baumstruktur erstellt. Nun ist verständlich, dass bei einer geringen Knotenanzahl der Baum nicht all zu groß ist und somit der Overhead sich in Grenzen hält. Bei einer größeren Anzahl von Knoten steigt der Aufwand, die Netzstruktur in einen Baum zu übertragen und darin den Weg zu finden. In dem Diagramm fällt deutlich auf, dass bei einer geringen Knotenanzahl der Recovery-Algorithmus mit dem Random Walk auf der Surface ein hoher Overhead entsteht. Dies lässt sich damit erklären, dass der erstellte Dual Graph aus dem realen Netzwerk keine genügend glatte Oberfläche besitzt. Es existiert in dem Sinne keine wirkliche Oberfläche, da schlecht entscheidbar ist, welcher Knoten zur Oberfläche gehört und welcher nicht. Alle Dual Graphen enthalten bei geringer Knotendichte zu große Lücken, sodass keine ausreichend regelmäßige Struktur entsteht. Dies erklärt die Spitzen bei geringen Knotenanzahlen. Das entscheidende Ziel, bei großen ad hoc Netzwerken mit vielen Knoten einen geringeren Overhead als bei einem speicherbehafteten Algorithmus zu haben, ist gelungen, wie das Diagramm 3.1 zeigt.

---

[1] engl. Depth-First-Search Tree

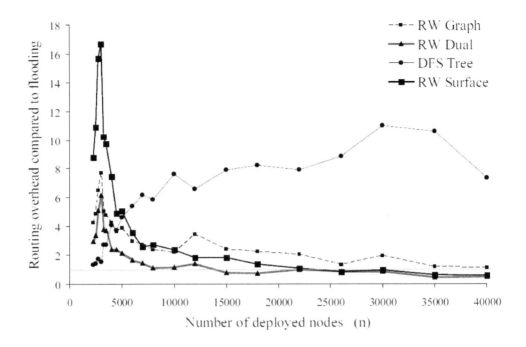

Abbildung 4.1: Vergleich der Verfahren mit einem nicht speicherlosen Fluting-Algorithmus(rot - konstant bei 1). Der Overhead ist normiert auf die Anzahl der Nachrichten pro Knoten. Die Abbildung ist aus [RFRW].

Literaturverzeichnis

[RFRW]   Roland Flury and Roger Wattenhofer: *Randomized 3D Geographic Routing*, 2008

[RF]   Roland Flury: *Routing on the Geometry of Wireless Ad Hoc Networks*, 2009

[WAF]   P.-J. Wan, K. M. Alzoubi, and O. Frieder: *Distributed Construction of Connected Dominating Set in Wireless Ad Hoc Hetworks*, 2004

[DKN]   S. Durocher, D. Kirkpatrick, and L. Narayanan: *On Routing with Guaranteed Delivery in Three-Dimensional Ad Hoc Wireless Networks*, 2008

[SH]   Stephan Hagendorf: *Seminar über Algorithmen - Geographisches Routing*, 2006

www.ingramcontent.com/pod-product-compliance
Lightning Source LLC
LaVergne TN
LVHW080119070326
832902LV00015B/2683